Première édition: 2020 - Vagabond Publishing
ISBN: 9798637739172

Les histoires de la collection *Je réalise* sont conçues pour être lues et discutées avec un adulte. AVEC CE LIVRE VOUS EST OFFERT UN GUIDE PARENT/EDUCATEUR TÉLÉCHARGEABLE contenant des instructions et des activités pour soutenir l'apprentissage des lecteurs.

Pour télécharger *le guide Je réalise*, veuillez vous rendre sur le lien suivant : languagecommunicationcoaching.com/publications/

**Intelligence émotionnelle ciblée dans ce livre:**

- L'intelligence émotionnelle de base
- Le rôle de chaque type d'émotion
- Comprendre comment nos émotions nous aident
- Accepter et apprécier (et ne pas nier ou aggraver) nos propres émotions
- Savoir utiliser et puis laisser passer chaque émotion

Lisez aussi les autres histoires de la collection *Je réalise*

# Mes émotions sont utiles

Histoire et illustrations
**Emmanuelle Betham**

Traduction française
**Emmanuelle Betham et Janine Rozen**

Mise en page
**Bill Bond**

Je sursaute, puis m'immobilise. J'ai PEUR.

Grace à ma PEUR, je me concentre et j'écoute... et j'entends les plus petits bruits.

Ma peur peut prendre plusieurs formes;
elle peut être perçue comme

de l'inquiétude,
de l'anxiété,
de la panique,
de la terreur...

# Ou de la honte.

Mais sous n'importe quelle forme, ma peur m'aide toujours à faire attention, à être vigilant/e, ou même prévoyant/e, pour éviter les problèmes ou les dangers.

Et ma peur me pose toujours
la même question:

Que puis-je faire pour
contrôler la situation?

Donc, avec cette question en tête,
JE ME CONCENTRE,
j'écoute toujours les bruits,

et soudain:

Cette fois, je reconnais le bruit
de la fenêtre qui claque.

Ça y est, maintenant que je sais, je vais voir la fenêtre qui claque, et je la ferme.

Ma peur m'a aidé/e à
COMPRENDRE QUOI FAIRE.

Et maintenant que je n'ai plus besoin de ma peur, **je lui dis merci et la laisse passer.**

Si quelqu'un me pousse, ou m'arrache
le ballon des mains...

# Ou fait des gribouillis sur mon dessin...

Je m'indigne. Je veux crier.
Je suis EN COLÈRE.

Grâce à ma COLÈRE, je comprends que j'ai besoin de protéger quelque chose d'important pour moi.

Ma colère peut s'exprimer de plusieurs manières; elle peut être ressentie comme

de la frustration,

de l'exaspération,

de l'impatience,

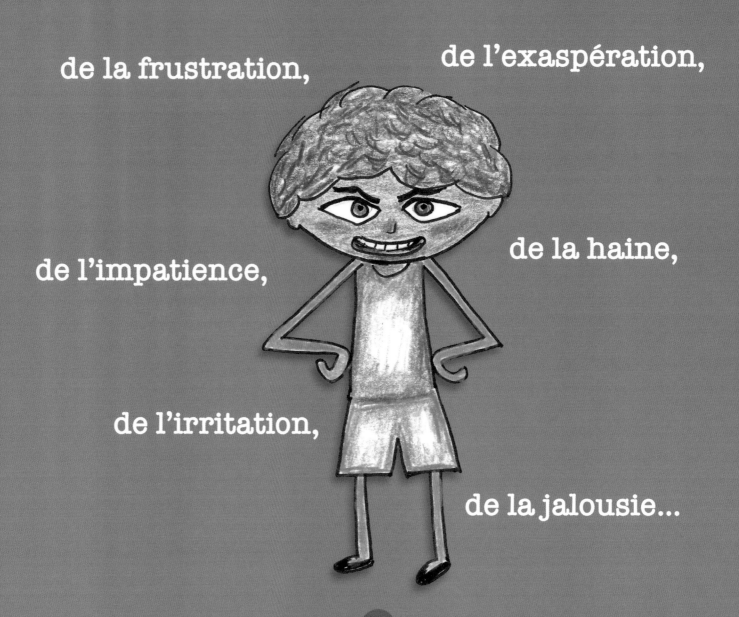

de la haine,

de l'irritation,

de la jalousie...

# De l'agression ou de la violence.

Mais derrière toutes ces différentes manières, ma colère m'aide toujours en me donnant l'énergie, la détermination et la concentration dont j'ai besoin pour protéger ou rétablir ce qui est important pour moi.

Et ma colère me pose toujours cette question:

Que dois-je protéger ou rétablir ?

Donc, avec cette question en tête, je comprends
CE QUI EST IMPORTANT POUR MOI
et JE M'AFFIRME CLAIREMENT.

«On ne pousse pas»,
«on ne prend pas le ballon sans demander»,
«on ne gribouille pas sur les dessins des autres».

«Non, merci.»

Car je sais ce qui est vrai et important pour moi.
Je sais que ce n'est pas gentil de pousser, que je dois demander ou attendre pour jouer avec le ballon si quelqu'un d'autre joue avec, que je dois respecter les dessins et les affaires des autres, et que je dois accepter que des fois les autres ne savent pas encore tout ça.

Et maintenant que
je n'ai plus besoin
de ma colère,
**je lui dis merci et
la laisse passer.**

On s'est bien amusé, tout le monde repart,
et non, mon ami ne peut pas rester dormir.

# Quand quelque chose de bien s'arrête ou quand je n'obtiens pas ce que je voulais...

Je me replie sur moi-même.
Je veux du calme. Je pleure. Je suis TRISTE.

C'est ma TRISTESSE qui m'aide à lâcher prise, à abandonner une idée, à accepter la réalité et à continuer de vivre.

Ma tristesse a plusieurs visages;
elle peut ressembler à

de la désolation,

du regret,

du découragement,

du désespoir...

# De la mélancolie, ou du chagrin.

Mais derrière ces visages, ma tristesse m'aide toujours à assimiler une perte ou une déception.

Et ma tristesse me pose toujours
la même question:

Que dois-je
abandonner ou
accepter?

Donc, avec cette question en tête,
J'ABANDONE L'IDÉE que la fête continue,
ou que mon ami reste dormir, pour pouvoir
PROFITER DE CE QUI SE PASSE ENSUITE.

Et quand je n'ai
plus besoin de
ma tristesse,
**je lui dis merci et
la laisse passer.**

Je suis CONTENT/e quand je sais
ME SERVIR DE MES ÉMOTIONS
et LES LAISSER PASSER.

Et des fois, j'aime avoir PEUR!

Je peux même rire de ma COLÈRE...

# Je peux aussi apprécier le calme de ma TRISTESSE...

# Ou pleurer de JOIE.

*Je réalise* est une collection d'histoires dont le but est de développer notre intelligence émotionnelle dès le plus jeune âge. Ces histoires peuvent parler aux enfants comme aux adultes.

Apprendre tôt est une bonne idée, n'est-ce pas? Mais apprendre quoi? Et surtout apprendre pourquoi et comment?

A grandir dans une société qui n'a jusqu'ici pas valorisé les compétences personnelles, relationnelles et comportementales autant que les compétences générales, techniques ou spécialisées, et qui donne encore priorité à l'enseignement des aptitudes solides sur l'enseignement des aptitudes douces, c'est à dire au savoir faire sur le savoir être, nos enfants ont souvent du mal et mettent un temps trop long et laborieux avant de découvrir, s'ils y arrivent un jour, comment leurs sentiments guident leurs décisions, comment leurs humeurs influencent leurs relations, et comment la vision qu'ils ont d'eux mêmes et des choses affectent leurs aptitudes.

Ceci s'explique en effet par le fait que notre culture se concentre plus sur les résultats que sur le fonctionnement. Nos efforts se portent d'abord sur l'éducation au sens traditionnel, autrement dit sur l'apprentissage et l'exécution, sans même se demander comment chaque individu fonctionne pour comprendre, apprendre et accomplir.

Cela dit, nous commençons à prendre conscience de ce déséquilibre éducationnel. De plus en plus d'adultes découvrent les vertus du coaching pour améliorer divers aspects de leur vie professionnelle ou personnelle, et les publications à ce sujet sont nombreuses. Seulement, bien que cette auto-assistance puisse être bienvenue, elle se présente souvent inutilement tard dans le parcours d'une vie.

Les histoires de la série *Je réalise* sont donc écrites pour aider les enfants (et les adultes) à accepter leurs sentiments et ceux des autres, à comprendre la relation entre pensées et sentiments, et à développer leur empathie, leurs propres capacités, leur prise de responsabilité et leur résilience, pour qu'ils soient capables de faire de bons choix et de réussir.

Pour faire de bons choix, il faut déjà connaître non seulement les options qui se présentent à nous mais aussi les facteurs qui peuvent affecter nos choix, et ceci implique de savoir reconnaître et prendre en considération nos émotions et leurs influences sur nos actions.

Les livres de la collection *Je réalise* visent le développement de cette prise de conscience, en aidant le lecteur à acquérir des compétences telles que:

- La prise de conscience de soi
- La découverte de la relation entre croyances, dialogue intérieur et performance
- L'identification et la maîtrise des sentiments
- La compréhension du rôle différent de chacune de nos émotions
- L'acceptation du caractère temporaire des émotions
- La prise de responsabilité
- L'empathie (envers soi et les autres)
- La maîtrise de soi
- Le contrôle de ses humeurs
- La patience
- La reconnaissance de la perspective des autres
- La lecture et l'interprétation des indices plus subtils de la communication
- La connaissance des normes comportementales
- La capacité de communiquer clairement
- Les qualités d'un bon leader
- La confiance en soi
- L'efficacité personnelle
- La motivation personnelle
- L'aptitude à fixer des objectifs
- La volonté de prendre part
- La résilience (qui permet de surmonter difficultés et traumas sans se laisser abattre)
- Etre capable de faire des plans réalistes et de prendre les mesures nécessaires pour les mener à bien
- Savoir résoudre des problèmes et prendre des décisions
- Pouvoir anticiper les conséquences
- Atteindre de hautes performances
- Avoir une attitude positive

Ce sont des compétences émotionnelles, cognitives et sociales difficiles à mesurer et pourtant essentielles dans la vie de chacun. Ces compétences de vie jouent un rôle si important dans tout ce que nous faisons et contribuent tellement au succès et au bien-être de chacun que nous devons absolument les développer. Ces compétences constituent notre Intelligence Emotionnelle, une intelligence que la collection *Je réalise* vise à développer dès l'enfance, car nous savons maintenant tous que celle-ci mérite au moins autant d'attention que celle que nous portons au Quotient Intellectuel.

Bonne lecture, et n'hésitez pas à partager!

# Mes émotions sont utiles

Histoire et illustrations
**Emmanuelle Betham**

Traduction française
**Emmanuelle Betham et Janine Rozen**

Mise en page
**Bill Bond**

Première édition: 2020 - Vagabond Publishing
ISBN: 9798637739172

Printed in Great Britain
by Amazon